Šola - la escuela	2
Potovanje - el viaje	5
Prevoz - el transporte	8
Mesto - la ciudad	10
Pokrajina - el paisaje	14
Restavracija - el restaurante	17
Supermarket - el supermercado	20
Pijače - las bebidas	22
Hrana - la comida	23
Kmetija - la granja	27
Hiša - la casa	31
Dnevna soba - la sala	33
Kuhinja - la cocina	35
Kopalnica - el cuarto de baño	38
Otroška soba - la habitación de los niños	42
Oblačilo - la ropa	44
Pisarna - la oficina	49
Gospodarstvo - la economía	51
Poklici - los oficios	53
Orodje - las herramientas	56
Glasbeni instrument - los instrumentos musicales	57
Živalski vrt - el zoo	59
Šport - los deportes	62
Dejavnosti - las actividades	63
Družina - la familia	67
Telo - el cuerpo	68
Bolnišnica - el hospital	72
Nujni primer - la urgencia	76
Zemlja - la tierra	77
Ura - hora(s)	79
Teden - la semana	80
Leto - el año	81
Oblike - las formas	83
Barve - colores	84
Nasprotja - los opuestos	85
Števila - los números	88
Jeziki - los idiomas	90
Kdo / kaj / kako - quién / qué / cómo	91
Kje - dónde	92

Impressum
Verlag: BABADADA GmbH, Nedderfeld 112 , 22529 Hamburg
Geschäftsführer / Verlagsleitung: Harald Hof
Druck: Books on Demand GmbH, In de Tarpen 42, 22848 Norderstedt

Imprint
Publisher: BABADADA GmbH, Nedderfeld 112 , 22529 Hamburg, Germany
Managing Director / Publishing direction: Harald Hof
Print: Books on Demand GmbH, In de Tarpen 42, 22848 Norderstedt, Germany

Šola

la escuela

Razred
el aula

Deljenje
dividir

186/2

Tabla
la pizarra

Šolsko dvorišče
el patio

Učitelj
el maestro/a

Papir
el papel

Pisati
escribir

Pisalo
el bolígrafo

Pisalna miza
el escritoria

Ravnilo
la regla

Knjiga
el libro

Učenec
el alumno/a

Šolska torba

la cartera

Peresnica

la caja de lápices

Svinčnik

el lápiz

Šilček

el sacapuntas

Radirka

la goma de borrar

Risalni blok

el cuaderno de dibujo

Risba

el dibujo

Čopič

el pincel

Vodene barvice

la caja de pinturas

Škarje

las tijeras

Lepilo

el pegamento

Zvezek

el cuaderno de ejercicios

Domača naloga

los deberes

Število

el número

Seštevanje

sumar

Odštevanje

restar

Množenje

multiplicar

Računanje

calcular

Črka

la letra

Abeceda

el alfabeto

Beseda

la palabra

Besedilo

el texto

Brati

leer

Kreda

la tiza

Učna ura

la lección

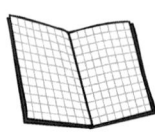

Redovalnica

el cuaderno de notas

Preizkus znanja

el examen

Spričevalo

el certificado

Šolska uniforma

el uniforme

Izobrazba

la educación

Enciklopedija

la enciclopedia

Univerza

la universidad

Mikroskop

el microscopio

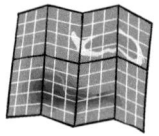

Zemljevid

el mapa

Koš za smeti

la papelera

Potovanje
el viaje

Hotel
el hotel
Grand
Hostel
el albergue
ROOMS
enjalnica
oficina de cambio de divisas
Kovček
la maleta
Avtomobil
el coche

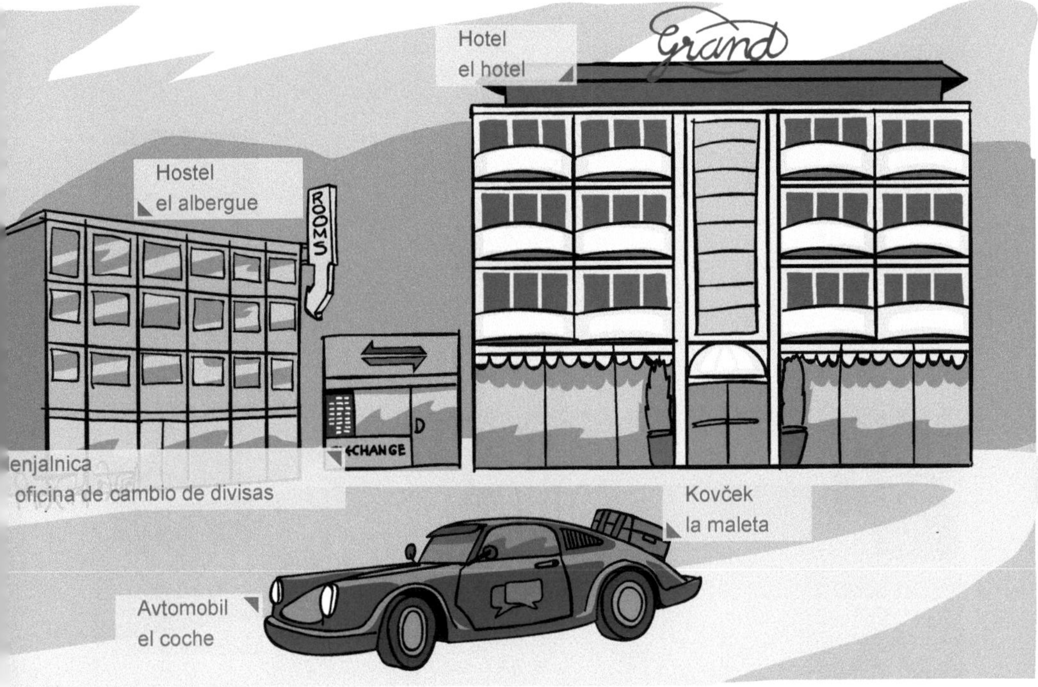

Jezik

el idioma

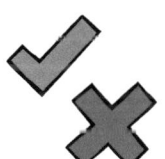

da / ne

sí / no

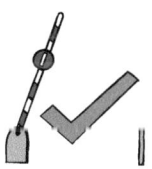

Prav

Vale

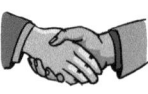

Pozdravljeni

hola

Prevajalec

el traductor

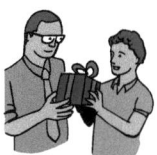

Hvala

Gracias

Koliko stane...?

¿cuánto es...?

Ne razumem

No entiendo

Težava

el problema

Dober večer!

¡Buenas tardes!

Dobro jutro!

¡Buenos días!

Lahko noč!

¡Buenas noches!

Nasvidenje

adiós

Smer

la dirección

Prtljaga

el equipaje

Torba

la bolsa

Nahrbtnik

la mochila

Gost

el invitado

Soba

la habitación

Spalna vreča

el saco de dormir

Šotor

la tienda de campaña

Turistične informacije

la información turística

Plaža

la playa

Kreditna kartica

la tarjeta de crédito

Zajtrk

el desayuno

Kosilo

el almuerzo

Večerja

la cena

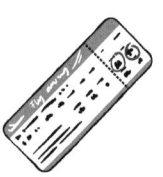

Vozovnica

el billete

Dvigalo

el ascensor

Znamka

el sello

Meja

la frontera

Carina

la aduana

Veleposlaništvo

la embajada

Vizum

la visa

Potni list

el pasaporte

Prevoz
el transporte

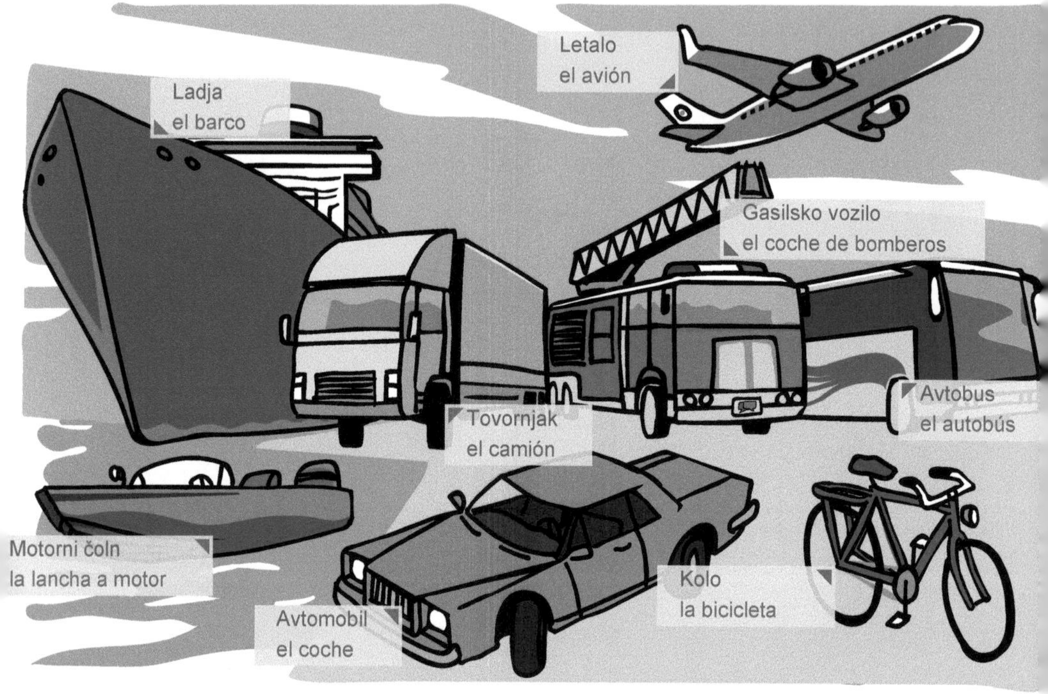
Letalo
el avión
Ladja
el barco
Gasilsko vozilo
el coche de bomberos
Avtobus
el autobús
Tovornjak
el camión
Motorni čoln
la lancha a motor
Kolo
la bicicleta
Avtomobil
el coche

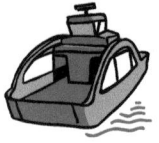

Trajekt
el transbordador

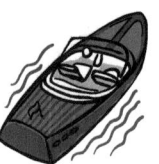

Čoln
la barca

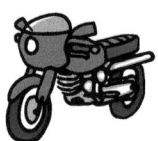

Motorno kolo
la moto

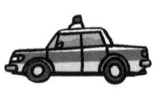

Policijski avto
el coche de policía

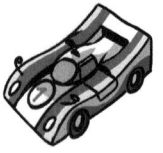

Dirkalni avto
el coche de carreras

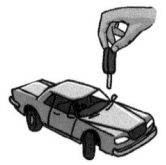

Najeto vozilo
el coche de alquiler

Souporaba avtomobila

el préstamo de vehículos

Avtovleka

la grúa

Smetarsko vozilo

el camión de la basura

Motor

el motor

Gorivo

la gasolina

Bencinska postaja

la gasolinera

Prometni znak

la señal de tráfico

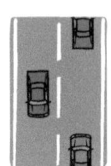

Promet

el tráfico

Zastoj

el atasco

Parkirišče

el aparcamiento

Železniška postaja

la estación de tren

Tirnice

las vías

Vlak

el tren

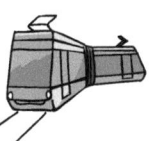

Tramvaj

el tranvía

Vagon

el vagón

Helikopter

el helicóptero

Letališče

el aeropuerto

Stolp

la torre

Potnik

el pasajero

Kontejner

el contenedor

Karton

la caja de cartón

Voziček

la carretilla

Košara

la cesta

vzleteti / pristati

despegar / aterrizar

Mesto
la ciudad

Vas

el pueblo

Mestno jedro

el centro de la ciudad

Hiša

la casa

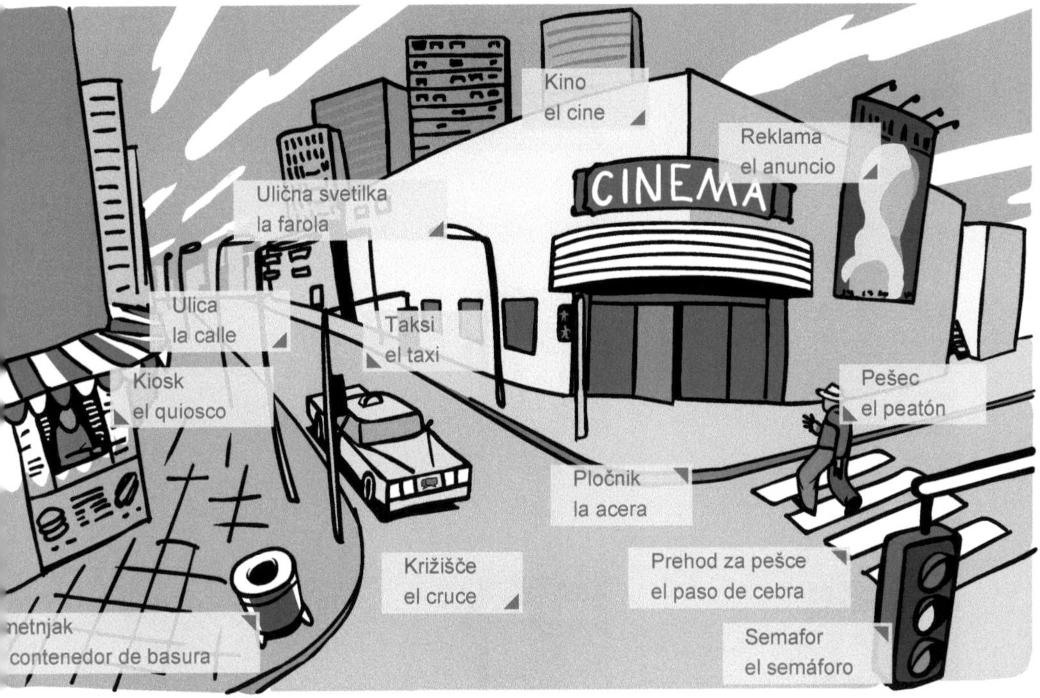

Kino
el cine

Reklama
el anuncio

Ulična svetilka
la farola

CINEMA

Ulica
la calle

Taksi
el taxi

Kiosk
el quiosco

Pešec
el peatón

Pločnik
la acera

Križišče
el cruce

Prehod za pešce
el paso de cebra

...netnjak
contenedor de basura

Semafor
el semáforo

Koča

la cabaña

Stanovanje

el apartamento

Železniška postaja

la estación de tren

Mestna hiša

el ayuntamiento

Muzej

el museo

Šola

la escuela

Univerza

la universidad

Banka

el banco

Bolnišnica

el hospital

Hotel

el hotel

Lekarna

la farmacia

Pisarna

la oficina

Knjigarna

la librería

Trgovina

la tienda de campaña

Cvetličarna

la floristería

Supermarket

el supermercado

Tržnica

el mercado

Veleblagovnica

los grandes almacenes

Ribarnica

la pescadería

Nakupovalno središče

el centro comercial

Pristanišče

el puerto

Park
....
el parque

Klop
....
el banco

Most
....
el puente

Stopnice
....
las escaleras

Podzemna železnica
....
el metro

Predor
....
el túnel

Avtobusno postajališče
....
la parada de autobús

Bar
....
el bar

Restavracija
....
el restaurante

Poštni nabiralnik
....
el buzón

Ulična tabla
....
el poste indicador

Parkırna ura
....
el parquímetro

Živalski vrt
....
el zoo

Kopališče
....
la piscina

Mošeja
....
la mezquita

Kmetija
la granja

Onesnaževanje
la contaminación

Pokopališče
el cementerio

Cerkev
la iglesia

Otroško igrišče
el patio de juego

Tempelj
el templo

Pokrajina
el paisaje

List
la hoja

Kažipot
la señal

Pot
el camino

Travnik
el prado

Kamen
la piedra

Drevo
el árbol

Pohodnik
el excursionista

Reka
el río

Trava
la hierba

Cvetlica
la flor

Dolina

el valle

Hrib

la colina

Jezero

el lago

Gozd

el bosque

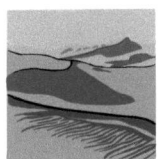

Puščava

el desierto

Vulkan

el volcán

Grad

el castillo

Mavrica

el arcoíris

Goba

el champiñón

Palma

la palmera

Komar

el mosquito

Muha

la mosca

Mravlja

la hormiga

Čebela

la abeja

Pajek

la araña

Hrošč

el escarabajo

Žaba

la rana

Veverica

la ardilla

Jež

el erizo

Zajec

la liebre

Sova

la lechuza

Ptič

el pájaro

Labod

el cisne

Divji prašič

el jabalí

Jelen

el ciervo

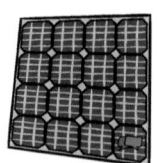

Los

el alce

Jez

la presa

Vetrnica

la turbina eólica

Solarna plošča

el panel solar

Podnebje

el clima

Restavracija
el restaurante

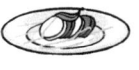

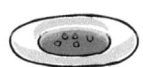

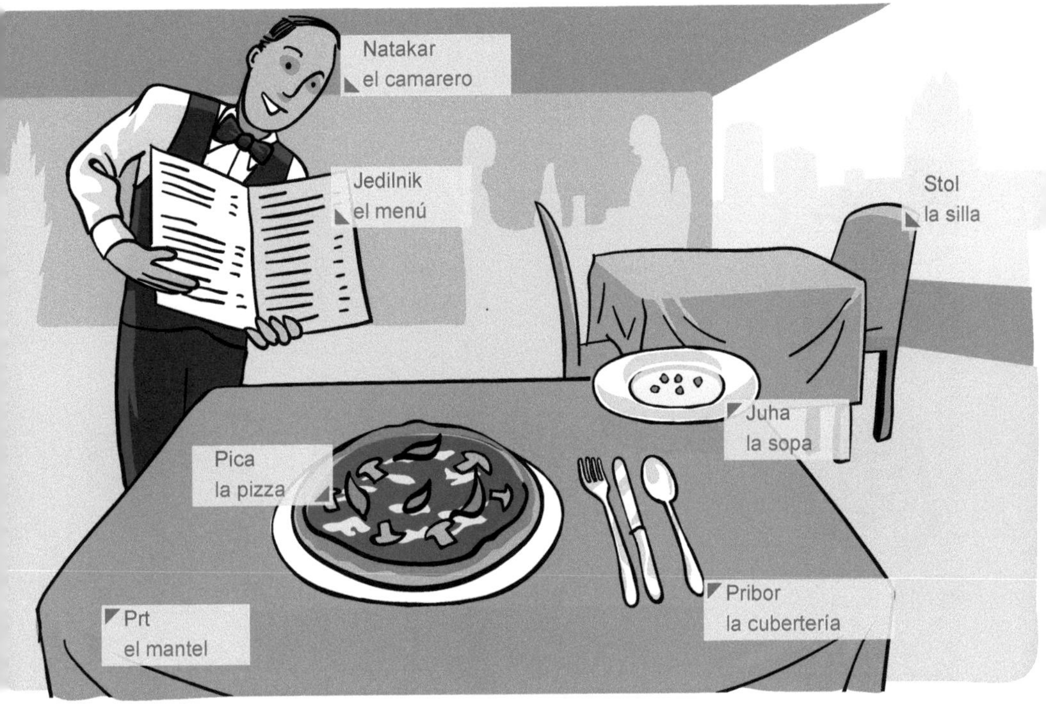

Natakar
el camarero
Jedilnik
el menú
Stol
la silla
Juha
la sopa
Pica
la pizza
Pribor
la cubertería
Prt
el mantel

Predjed

el primer plato

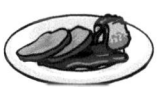

Glavna jed

el plato principal

Sladica

el postre

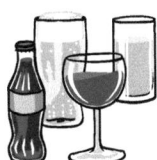

Pijače

las bebidas

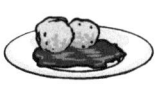

Hrana

la comida

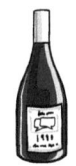

Steklenica

la botella

Hitra hrana

la comida rápida

Ulična hrana

la comida callejera

Čajnik

la tetera

Sladkornica

el azucarero

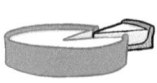

Porcija

la porción

Aparat za espresso

la cafetera expreso

Stolček za hranjenje

la trona

Račun

la cuenta

Pladenj

la bandeja

Nož

el cuchillo

Vilica

el tenedor

Žlica

la cuchara

Čajna žlička

la cucharilla

Servieta

la servilleta

Kozarec

el vaso

Krožnik
el plato

Globoki krožnik
el plato hondo

Krožniček
el platillo

Omaka
la salsa

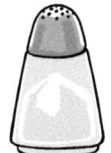

Solnica
el salero

Mlinček za poper
el molinillo de pimienta

Kis
el vinagre

Olje
el aceite

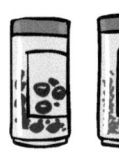

Začimbe
las especias

Kečap
el ketchup

Gorčica
la mostaza

Majoneza
la mayonesa

Supermarket
el supermercado

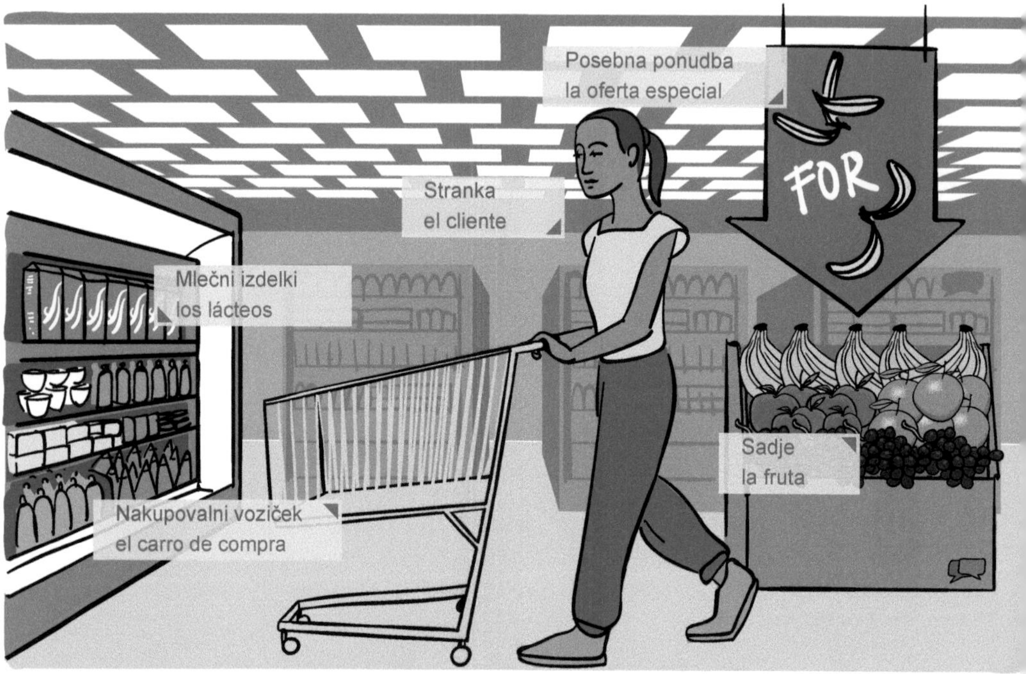

Posebna ponudba
la oferta especial
FOR
Stranka
el cliente
Mlečni izdelki
los lácteos
Sadje
la fruta
Nakupovalni voziček
el carro de compra

BUTCHERS

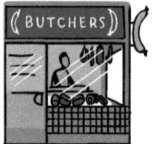

Mesnica

la carniceria

BAKERY

Pekarna

la panadería

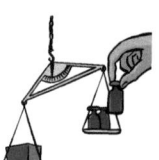

Tehtati

pesar

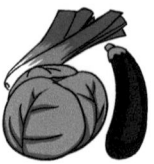

Zelenjava

las verduras

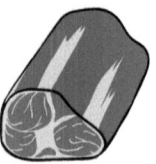

Meso

la carne

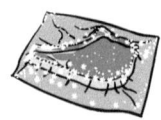

Zamrznjena hrana

los alimentos congelados

Hladne mesnine

los fiambres

Konzerve

las conservas

Pralni prašek

el detergente en polvo

Sladkarije

los dulces

Gospodinjski izdelki

productos de uso doméstico

Čistilno sredstvo

productos de limpieza

Prodajalka

la vendedora

Blagajna

la caja de cartón

Blagajnik

el cajero

Nakupovalni seznam

la lista de la compra

Delovni čas

el horario de atención al público

Denarnica

la cartera

Kreditna kartica

la tarjeta de crédito

Torba

la bolsa de plástico

Plastična vrečka

la bolsa de plástico

Voda

el agua

Sok

el zumo

Mleko

la leche

Kola

la cola

Vino

el vino

Pivo

la cerveza

Alkohol

el alcohol

Kakav

el cacao

Čaj

el té

Kava

el café

Espresso

el expreso

Kapučino

el capuchino

Banana

el plátano

Jabolko

la manzana

Pomaranča

la naranja

Lubenica

el melón

Limona

el limón

Korenje

la zanahoria

Česen

el ajo

Bambus

el bambú

Čebula

la cebolla

Goba

el champiñón

Oreščki

las avellanas

Rezanci

los fideos

Špageti

las espagueti

Riž

el arroz

Solata

la ensalada

Ocvrt krompirček

las patatas fritas

Pečen krompir

las patatas fritas

Pica

la pizza

Hamburger

la hamburguesa

Sendvič

el sándwich

Zrezek

el filete

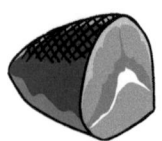

Šunka

el jamón

Salama

le salami

Klobasa

la salchicha

Piščanec

el pollo

Pečenka

el asado

Riba

el pescado

Ovseni kosmiči

los copos de avena

Musli

el muesli

Koruzni kosmiči

los copos de maíz

Moka

la harina

Rogljiček

el cruasán

Žemlja

el panecillo

Kruh

el pan

Prepečenec

la tostada

Piškoti

las galletas

Maslo

la mantequilla

Skuta

la cuajada

Torta

el pastel

Jajce

el huevo

Pečeno jajce na oko

el huevo frito

Sir

el queso

Sladoled

el helado

Sladkor

el azúcar

Med

la miel

Marmelada

la mermelada

Čokoladni namaz

la crema de turrón

Kari

el curry

Kmetija
la granja

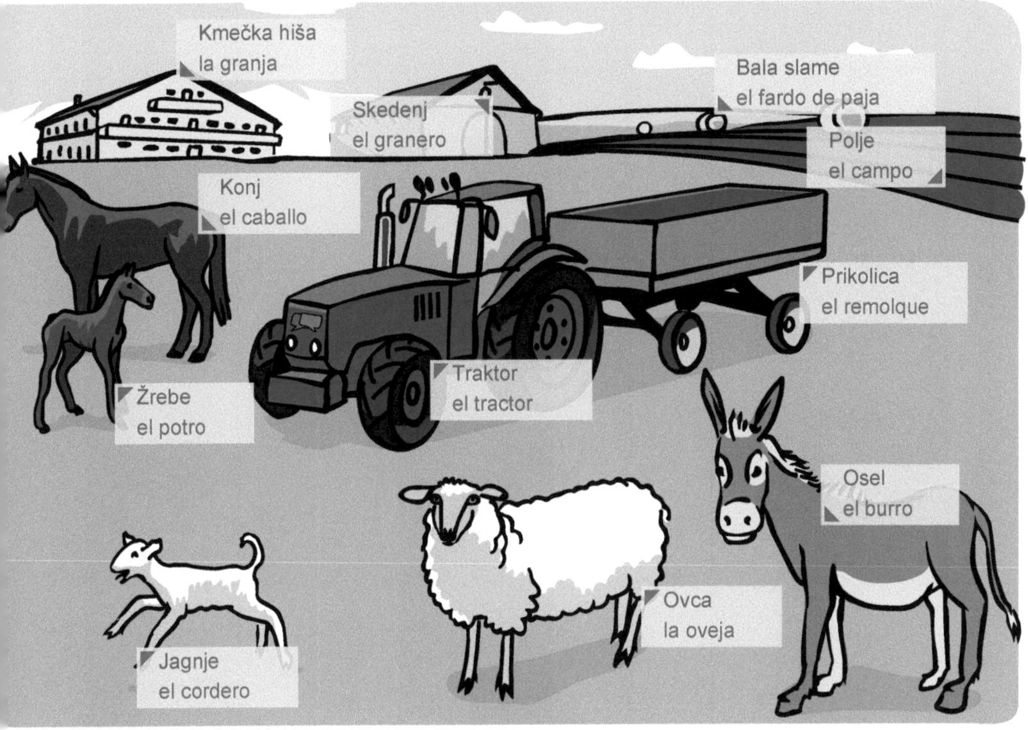
Kmečka hiša
la granja
Skedenj
el granero
Bala slame
el fardo de paja
Polje
el campo
Konj
el caballo
Prikolica
el remolque
Traktor
el tractor
Žrebe
el potro
Osel
el burro
Ovca
la oveja
Jagnje
el cordero

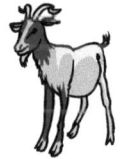

Koza

la cabra

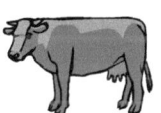

Krava

la vaca

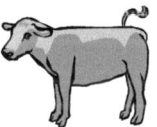

Tele

el ternero

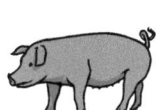

Prašič

el cerdo

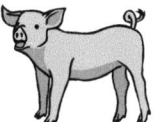

Pujsek

el cerdito

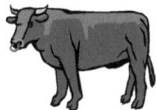

Bik

el toro

Gos

el ganso

Raca

el pato

Piščanec

el pollo

Kokoš

la gallina

Petelin

el gallo

Podgana

la rata

Mačka

el gato

Miš

el ratón

Vol

el buey

Pes

el perro

Pasja uta

la perrera

Cev za zalivanje

la manguera

Kangla za zalivanje

la regadera

Kosa

la guadaña

Plug

el arado

Srp

la hoz

Motika

la azada

Vile

la horca

Sekira

el hacha

Samokolnica

la carretilla

Korito

el abrevadero

Kangla za mleko

la lechera

Vreča

el saco

Ograja

la valla

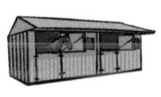

Hlev

el establo

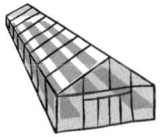

Rastlinjak

el invernadero

Prst

el suelo

Seme

la semilla

Gnojilo

el fertilizador

Kombajn

la cosechadora

Žeti
....
cosechar

Žetev
....
la cosecha

Jam
....
el ñame

Pšenica
....
el trigo

Soja
....
el soja

Krompir
....
la patata

Koruza
....
el maíz

Oljna ogrščica
....
la semilla de colza

Sadno drevo
....
el árbol frutal

Maniok
....
la mandioca

Žito
....
las cereales

Hiša

la casa

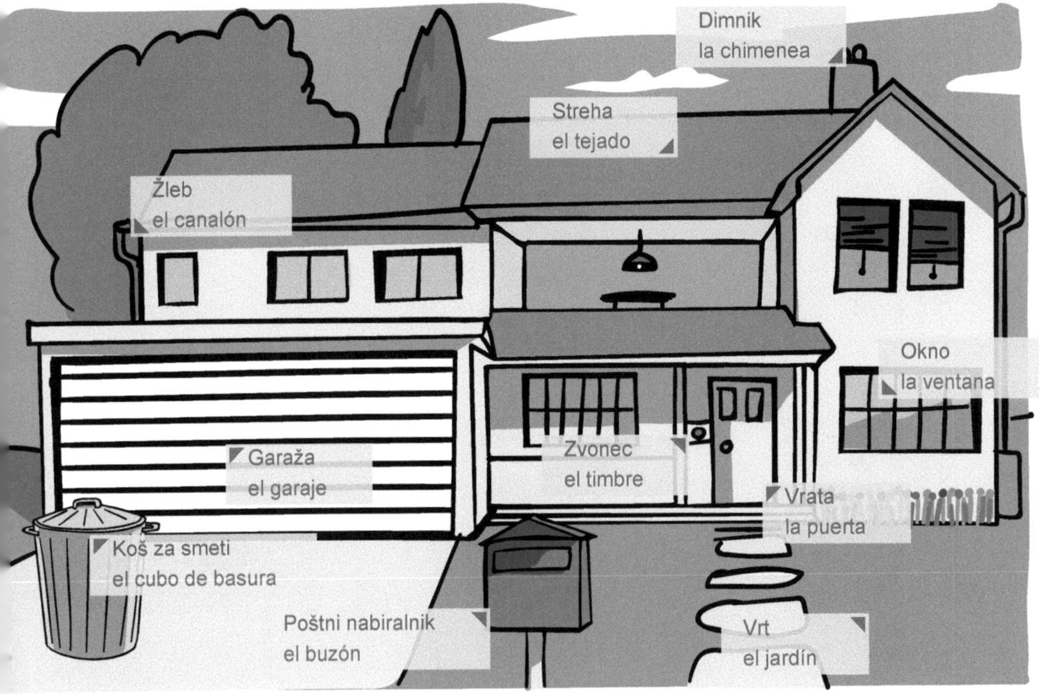
Dimnik
la chimenea
Streha
el tejado
Žleb
el canalón
Okno
la ventana
Garaža
el garaje
Zvonec
el timbre
Vrata
la puerta
Koš za smeti
el cubo de basura
Poštni nabiralnik
el buzón
Vrt
el jardín

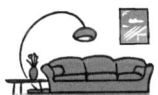

Dnevna soba

la sala

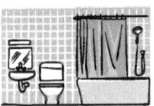

Kopalnica

el cuarto de baño

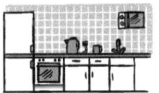

Kuhinja

la cocina

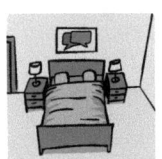

Spalnica

el dormitorio

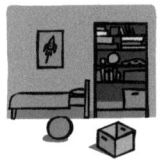

Otroška soba

la habitación de los niños

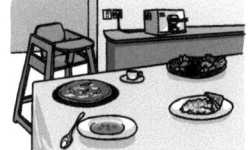

Jedilnica

el comedor

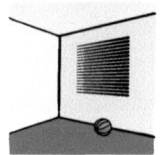

Tla

el suelo

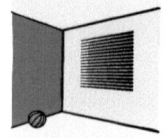

Stena

la pared

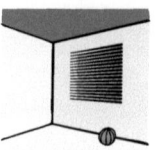

Strop

el techo

Klet

el sótano

Savna

la sauna

Balkon

el balcón

Terasa

la terraza

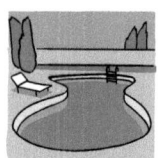

Bazen

la piscina

Kosilnica

el cortacésped

Rjuha

la sábana

Posteljno pregrinjalo

la colcha

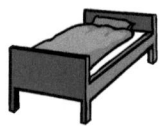

Postelja

la cama

Metla

la escoba

Vedro

el balde

Stikalo

el interruptor

Dnevna soba

la sala

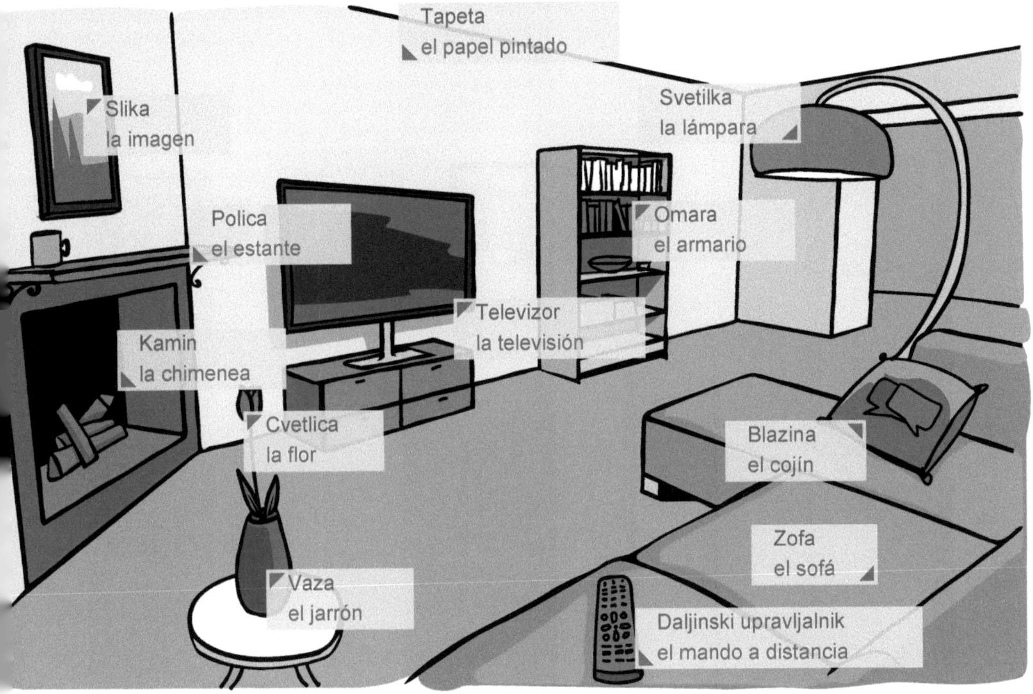

Tapeta
el papel pintado
Slika
la imagen
Svetilka
la lámpara
Polica
el estante
Omara
el armario
Televizor
la televisión
Kamin
la chimenea
Cvetlica
la flor
Blazina
el cojín
Zofa
el sofá
Vaza
el jarrón
Daljinski upravljalnik
el mando a distancia

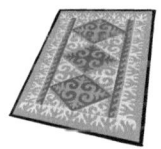

Preproga

la alfombra

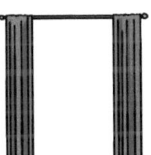

Zavesa

la cortina

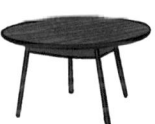

Miza

la mesa

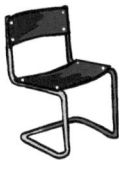

Stol

la silla

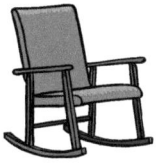

Gugalnik

el mecedora

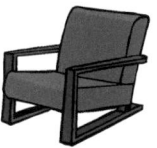

Naslanjač

la butaca

Knjiga

el libro

Odeja

la manta

Dekoracija

la decoración

Drva

la leña

Film

la película

Glasbeni stolp

el equipo de música

Ključ

la llave

Časopis

el periódico

Slika

la pintura

Plakat

el póster

Radio

la radio

Beležka

el cuaderno

Sesalnik

la aspiradora

Kaktus

el cactus

Sveča

la vela

Kuhinja
la cocina

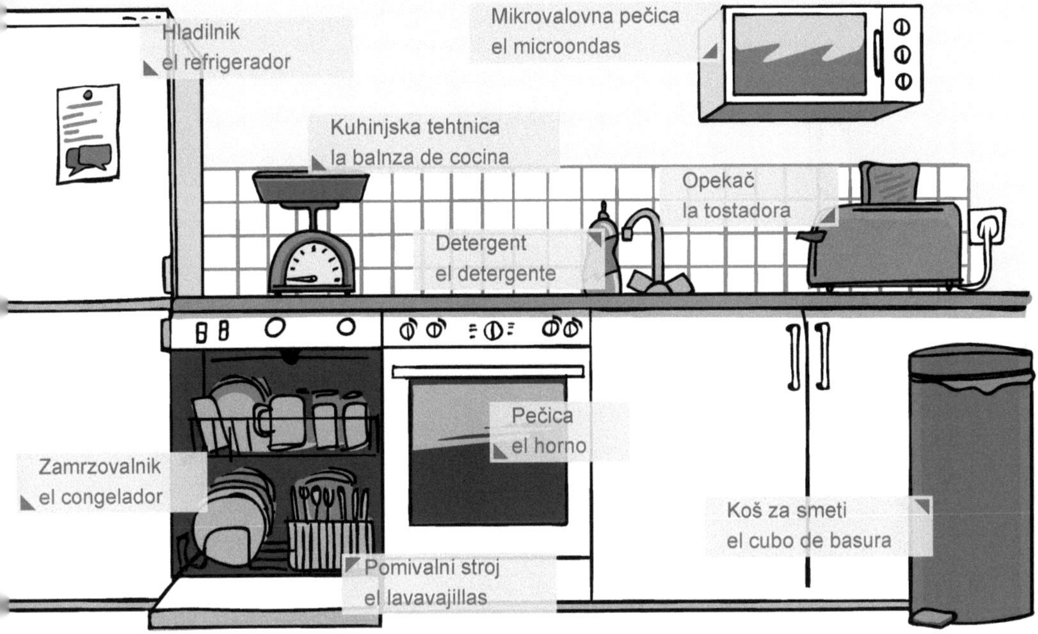
Hladilnik
el refrigerador
Mikrovalovna pečica
el microondas
Kuhinjska tehtnica
la balnza de cocina
Opekač
la tostadora
Detergent
el detergente
Pečica
el horno
Zamrzovalnik
el congelador
Koš za smeti
el cubo de basura
Pomivalni stroj
el lavavajillas

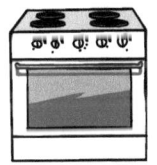

Kozica

la olla a presión

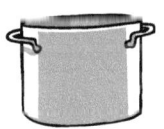

Lonec

la olla

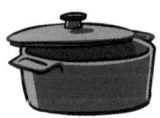

Litoželezni lonec

la olla de hierro fundido

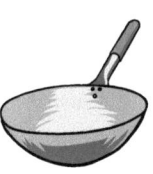

Vok / kadai

el wok

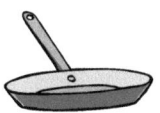

Ponev

la cazuela

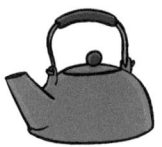

Kotliček

el hervidor

Parni kuhalnik

la vaporera

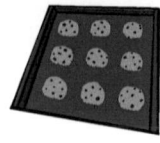

Pekač

la chapa de horno

Posoda

la vajilla

Skodelica

la taza

Skleda

el tazón

Jedilne paličice

los palillos

Zajemalka

el cucharón

Lopatica

la espumadera

Metlica

el batidor

Cedilnik

el colador

Cedilo

el cedazo

Strgalo

el rallador

Možnar

el mortero

Žar

la barbacoa

Ognjišče

la hoguera

Deska za rezanje

la tabla de picar

Valjar

el rodillo

Odpirač za steklenice

el sacacorchos

Pločevinka

la lata

Odpirač za konzerve

el abrelatas

Prijemalka za posodo

el agarrador

Korito

el lavabo

Ščetka

el cepillo

Goba

la esponja

Mešalnik

la batidora

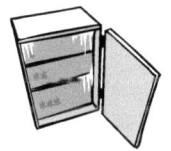

Zamrzovalna skrinja

el congelador

Steklenička

el biberón

Pipa

el grifo

Kopalnica
el cuarto de baño

Ogrevanje
la calefacción
Brisača
la toalla
Prha
la ducha
Zavesa za prho
la cortina de la ducha
Peneča kopel
el baño de espuma
Kopalna kad
la bañera
Kozarec
el vaso
Pralni stroj
la lavadora
Pipa
el grifo
Ploščice
las baldosas
Kahlica
el orinal
Korito
el lavabo

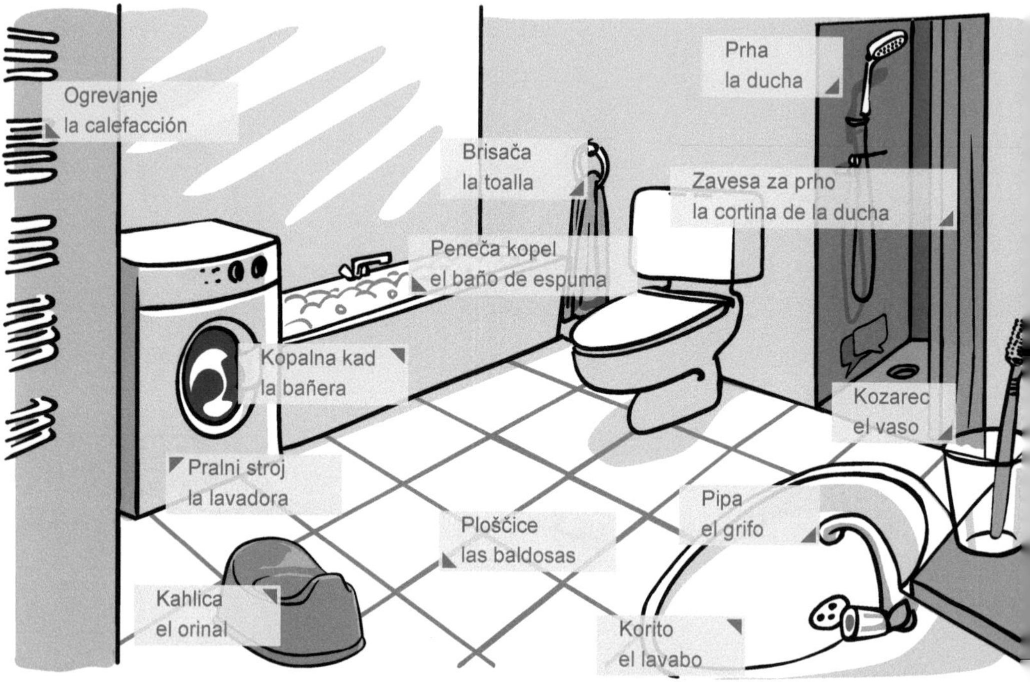

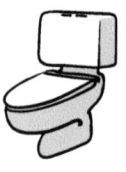

Stranišče
el inodoro

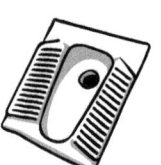

Stranišče na počep
el inodoro rústico

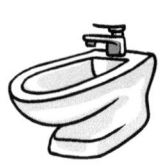

Bide
el bidé

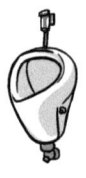

Pisoar
el urinario

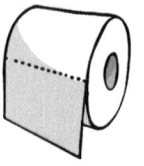

Toaletni papir
el papel higiénico

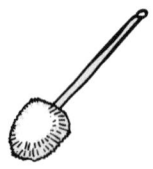

Ščetka za straniščno školjko
la escobilla del váter

Zobna ščetka

el cepillo de dientes

Zobna pasta

la pasta de dientes

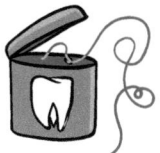

Zobna nitka

el hilo dental

Umiti se

lavar

Ročna prha

la ducha de mano

Prha za intimne dele

la ducha íntima

Umivalnik

la pila

Krtača za hrbet

el cepillo de espalda

Milo

el jabón

Gel za prhanje

el gel de ducha

Šampon

el champú

Krpica za miljenje

la toallita

Odtok

el desagüe

Krema

la crema

Deodorant

el desodorante

Ogledalo

el espejo

Ročno ogledalo

el espejo de tocador

Britvica

la maquinilla de afeitar

Pena za britje

la espuma de afeitar

Vodica po britju

la loción postafeitado

Glavnik

el peine

Ščetka

el cepillo

Sušilnik za lase

el secador

Lak za lase

la laca

Ličila

el maquillaje

Šminka

el pintalabios

Lak za nohte

el pintauñas

Vatirane blazinice

el algodón

Škarjice za nohte

el cortauñas

Parfum

el perfume

Toaletna torbica
el estuche de viaje

Stol brez naslonjala
la banqueta

Osebna tehtnica
la balanza

Kopalni plašč
el albornoz

Gumijaste rokavice
los guantes de goma

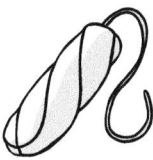

Tampon
el tampón

Damski vložki
la compresa

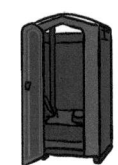

Kemično stranišče
el inodoro químico

Otroška soba
la habitación de los niños

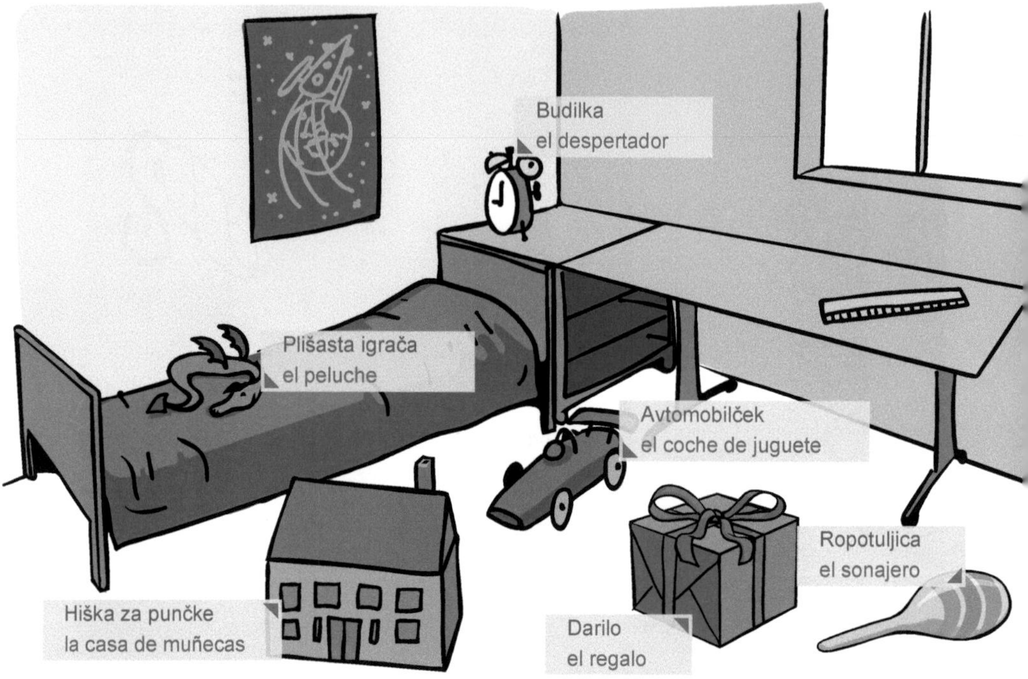

Budilka
el despertador
Plišasta igrača
el peluche
Avtomobilček
el coche de juguete
Ropotuljica
el sonajero
Hiška za punčke
la casa de muñecas
Darilo
el regalo

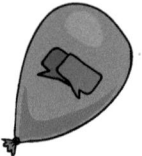

Balon
el globo

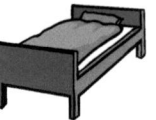

Postelja
la cama

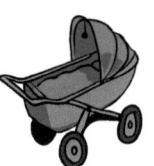

Otroški voziček
el coche de niño

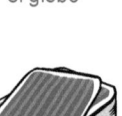

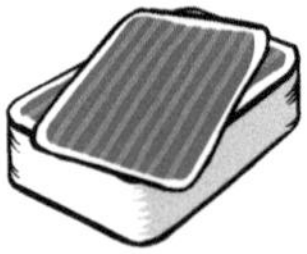

Igralne karte
los naipes

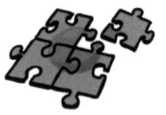

Sestavljanka
el puzle

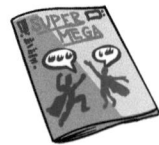

Strip
el tebeo

Lego kocke

las piezas de lego

Igralne kocke

los bloques de juguete

Akcijska figura

la figura de acción

Bodi

el bodi (de bebé)

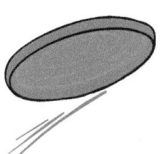

Frizbi

el frisbee

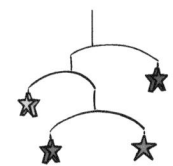

Vrtiljak za posteljico

el colgador móvil para bebés

Namizna igra

el juego de mesa

Kocka

los dados

Komplet modelov vlakov

el circuito de tren eléctrico

Duda

el maniquí

Zabava

la fiesta

Slikanica

el álbum de fotos

Žoga

la pelota

Lutka

la muñeca

Igrati se

jugar

Peskovnik

el cajón de arena

Gugalnica

el columpio

Igrače

los juguetes

Igralna konzola

la videoconsola

Tricikel

el triciclo

Plišasti medvedek

el oso de peluche

Garderoba

la guardarropa

Oblačilo

la ropa

Nogavice

los calcetines

Samostoječe nogavice

las medias

Hlačne nogavice

los leotardos

Šal
la bufanda

Dežnik
el paraguas

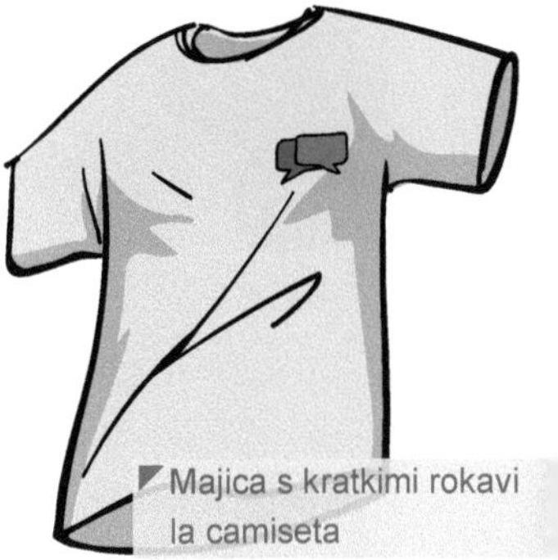

Pas
el cinturón

Majica s kratkimi rokavi
la camiseta

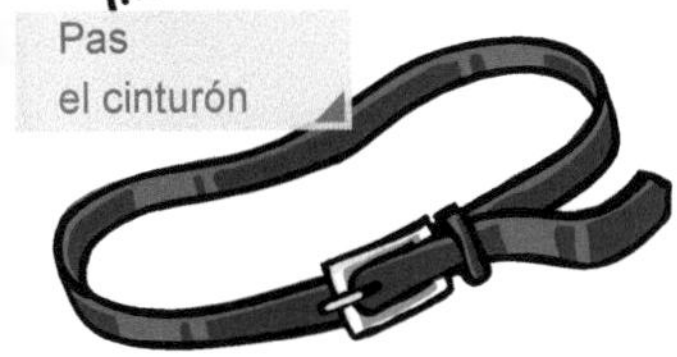

Škornji
las botas

Copati
las zapatillas

Športni copati
las deportivas

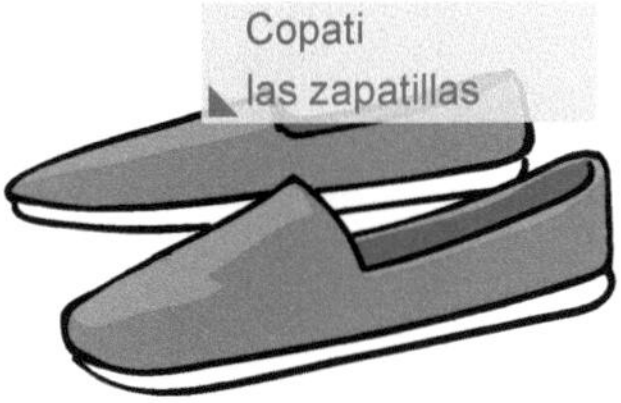

Sandali
....
las sandalias

Čevlji
....
los zapatos

Gumijasti škornji
....
las botas de goma

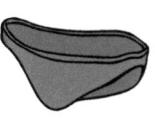

Spodnje hlače
....
el slip

Modrček
....
el sostén

Telovnik
....
el chaleco

Bodi

el bodi

Hlače

los pantalones cortos

Kavbojke

los vaqueros

Krilo

la falda

Bluza

la blusa

Srajca

la camisa

Pulover

el jersey

Pletena jopica

el suéter

Jopa

el blazer

Jakna

la chaqueta

Plašč

el abrigo

Dežni plašč

la gabardina

Kostim

el traje

Obleka

el vestido

Poročna obleka

el vestido de novia

Obleka

el traje

Spalna srajca

el camisón

Pižama

el pijama

Sari

el sati

Naglavna ruta

el bandana

Turban

el turbante

Burka

la burka

Kaftan

el caftán

Abaja

la abaya

Kopalke

el traje de baño

Kopalne hlače

el bañador

Kratke hlače

los pantalones cortos

Trenirka

el chándal

Predpasnik

el delantal

Rokavice

los guantes

Gumb

el botón

Očala

las gafas

Zapestnica

el brazalete

Verižica

el collar

Prstan

el anillo

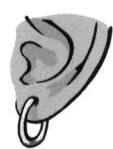

Uhan

el pendiente

Kapa

la gorra

Obešalnik

la percha

Klobuk

el sombrero

Kravata

la corbata

Zadrga

la cremallera

Čelada

el casco

Naramnice

los tirantes

Šolska uniforma

el uniforme

Uniforma

el uniforme

Slinček
....
el babero

Duda
....
el maniquí

Plenica
....
el pañal

Pisarna
la oficina

Strežnik
el servidor

Kartotečna omara
el archivo

Tiskalnik
la impresora

Papir
el papel

Monitor
el monitor

Miška
el ratón

Pisalna miza
el escritoria

Mapa
la carpeta

Tipkovnica
el teclado

Koš za smeti
la papelera

Računalnik
el ordenador

Stol
la silla

Lonček za kavo
....
la taza de café

Kalkulator
....
la calculadora

Internet
....
el internet

Prenosnik

el portátil

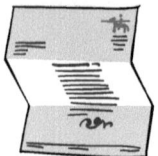

Pismo

la carta

Sporočilo

el mensaje

Mobilnik

el móvil

Omrežje

la red

Kopirni stroj

la fotocopiadora

Programska oprema

el software

Telefon

el teléfono

Vtičnica

la toma de corriente

Telefaks

el fax

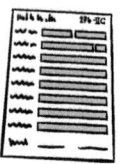

Obrazec

el formulario

Dokument

el documento

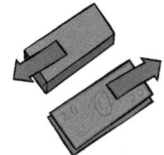

Kupiti

comprar

Plačati

pagar

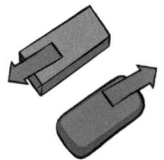

Trgovati

comerciar

Denar

el dinero

 USD

Dolar

el dólar

 EUR

Evro

el euro

 JPY

Jen

el yen

 RUB

Rubelj

el rublo

 CHF

Švičarski frank

el franco suizo

 CNY

Kitajski juan renminbi

el renminbi yuan

 INR

Rupija

la rupia

Bankomat

el cajero automático

Menjalnica

la oficina de cambio de divisas

Zlato

el oro

Srebro

la plata

Nafta

el petróleo

Energija

la energía

Cena

el precio

Pogodba

el contrato

Davek

el impuesto

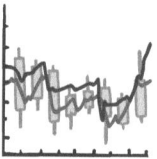

Delnice

la acción

Delati

trabajar

Delojemalec

el empleador

Delodajalec

el empleador

Tovarna

la fábrica

Trgovina

la tienda de campaña

Poklici
los oficios

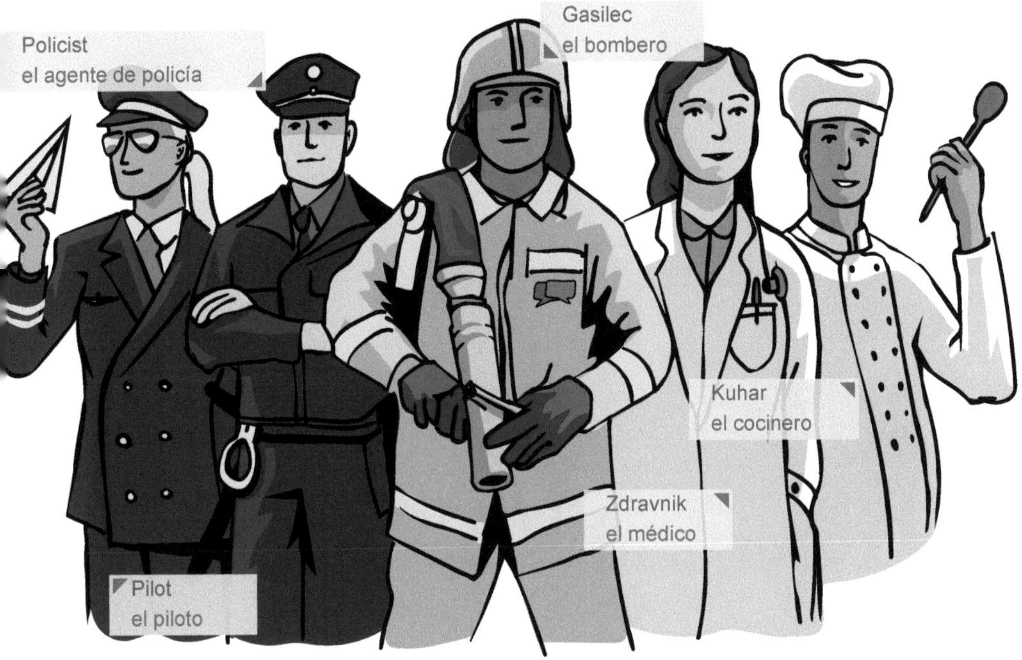

Gasilec
el bombero
Policist
el agente de policía
Kuhar
el cocinero
Zdravnik
el médico
Pilot
el piloto

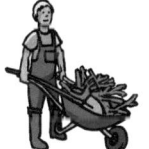

Vrtnar

el jardinero

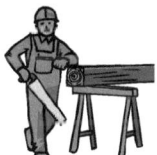

Mizar

el carpintero

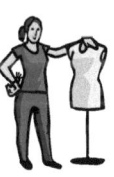

Šivilja

la costurera

Sodnik

el juez

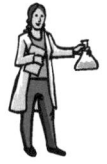

Kemik

el farmacéutico

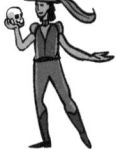

Igralec

el actor

Voznik avtobusa

el conductor de autobús

Taksist

el taxista

Ribič

el pescador

Čistilka

la señora de la limpieza

Krovec

el techador

Natakar

el camarero

Lovec

el cazador

Pleskar

el pintor

Pek

el panadero

Električar

el electricista

Gradbenik

el obrero

Inženir

el ingeniero

Mesar

el carnicero

Vodovodni inštalater

el fontanero

Poštar

el cartero

Vojak

el soldado

Arhitekt

el arquitecto

Blagajnik

el cajero

Cvetličar

el florista

Frizer

el peluquero

Sprevodnik

el revisor

Mehanik

el mecánico

Kapitan

el capitán

Zobozdravnik

el dentista

Znanstvenik

el científico

Rabin

el rabino

Imam

el imán

Menih

el monje

Duhovnik

el sacerdote

Orodje
las herramientas

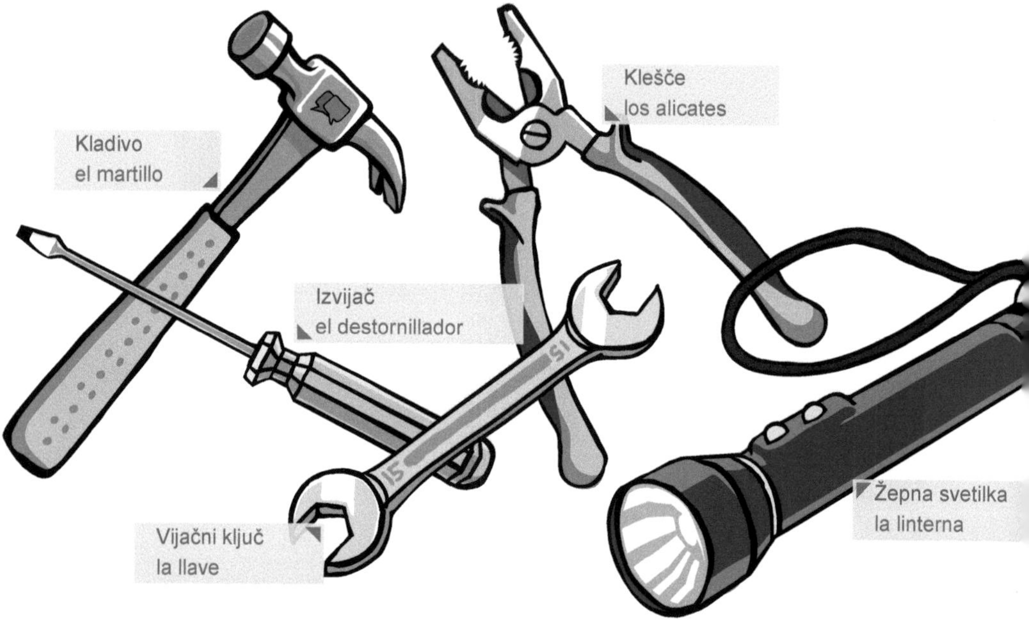
Kladivo
el martillo
Klešče
los alicates
Izvijač
el destornillador
Vijačni ključ
la llave
Žepna svetilka
la linterna

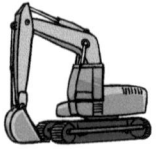

Bager
la excavadora

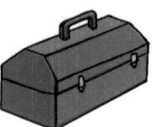

Zaboj z orodjem
la caja de herramientas

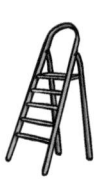

Lestev
la escalera de mano

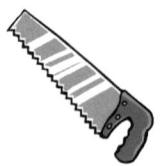

Žaga
la sierra

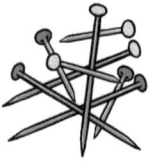

Žeblji
los clavos

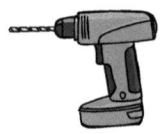

Vrtalnik
el taladro

Popraviti
reparar

Lopata
la pala

Šment!
¡Maldita sea!

Smetišnica
el recogedor

Posoda z barvo
el bote de pintura

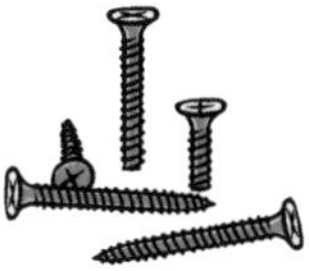

Vijaki
los tornillos

Glasbeni instrument
los instrumentos musicales

Tolkala
la batería

Zvočnik
el altavoz

Kontrabas
el contrabajo

Trobenta
la trompeta

Kitara
la guitarra

Klavir

el piano

Violina

el violín

Bas kitara

bajo

Pavke

los timbales

Bobni

el tambor

Sintetizator

el teclado

Saksofon

el saxofón

Flavta

la flauta

Mikrofon

el micrófono

Živalski vrt
el zoo

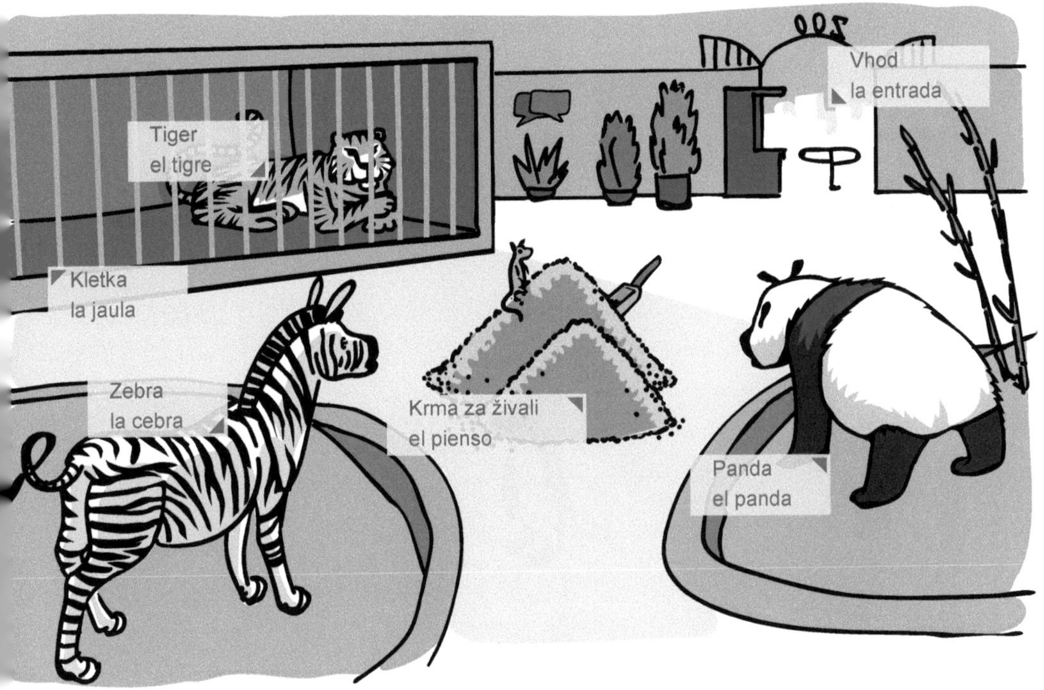

Vhod
la entrada
Tiger
el tigre
Kletka
la jaula
Zebra
la cebra
Krma za živali
el pienso
Panda
el panda

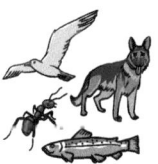

Živali
los animales

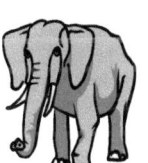

Slon
el elefante

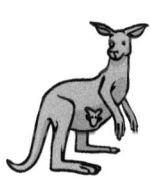

Kenguru
el canguro

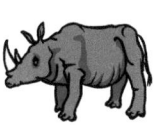

Nosorog
el rinoceronte

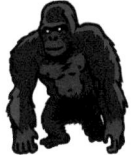

Gorila
el gorila

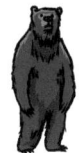

Medved
el oso

Kamela

el camello

Noj

el avestruz

Lev

el león

Opica

el mono

Plamenec

el flamingo

Papagaj

el loro

Severni medved

el oso polar

Pingvin

el pingüino

Morski pes

el tiburón

Pav

el pavo real

Kača

la serpiente

Krokodil

el cocodrilo

Oskrbnik v živalskem vrtu

el guardián de zoológico

Tjulenj

la foca

Jaguar

el jaguar

Poni
....
el poni

Leopard
....
el leopardo

Povodni konj
....
el hipopótamo

Žirafa
....
la jirafa

Orel
....
el águila

Divji prašič
....
el jabalí

Riba
....
el pescado

Želva
....
la tortuga

Mrož
....
la morsa

Lisica
....
el zorro

Gazela
....
la gacela

Ameriški nogomet
el fútbol americano

Kolesarjenje
el ciclismo

Tenis
el tenis

Košarka
el baloncesto

Plavanje
la natación

Boks
el boxeo

Hokej
el hockey sobre hielo

Nogomet
el fútbol

Badminton
el bádminton

Atletika
el atletismo

Rokomet
el balonmano

Smučanje
el esquí

Polo
el polo

Skočiti
saltar

Smejati se
reír

Objeti
abrazar

Hoditi
caminar

Peti
cantar

Sanjati
soñar

Moliti
rezar

Poljubiti
besar

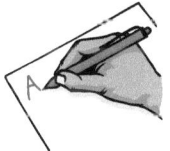

Pisati

escribir

Risati

dibujar

Pokazati

mostrar

Potisniti

empujar

Dati

dar

Vzeti

tomar

Imeti

tener

Narediti

hacer

Biti

ser

Stati

estar de pie

Teči

correr

Vleči

tirar

Vreči

tirar

Pasti

caer

Ležati

yacer

Čakati

esperar

Nositi

llevar

Sedeti

estar sentado

Obleči se

vestirse

Spati

dormir

Zbuditi se

despertar

Gledati

mirar

Jokati

llorar

Božati

acariciar

Česati se

peinar

Govoriti

hablar

Razumeti

entender

Vprašati

preguntar

Poslušati

escuchar

Piti

beber

Jesti

comer

Pospraviti

ordenar

Ljubiti

amar

Kuhati

cocinar

Voziti

conducir

Leteti

volar

Jadrati

navegar

Računanje

calcular

Brati

leer

Učiti se

aprender

Delati

trabajar

Poročiti se

casarse

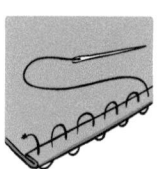

Šivati

coser

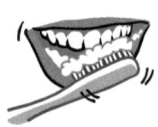

Ščetkati si zobe

cepillarse los dientes

Ubiti

matar

Kaditi

fumar

Poslati

enviar

Družina
la familia

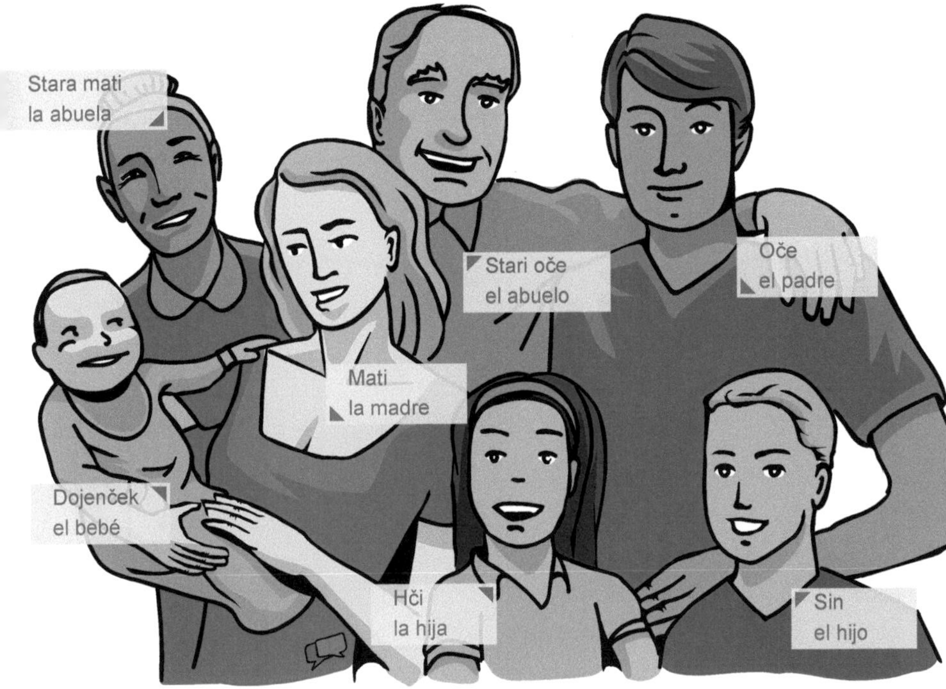
Stara mati
la abuela
Stari oče
el abuelo
Oče
el padre
Mati
la madre
Dojenček
el bebé
Hči
la hija
Sin
el hijo

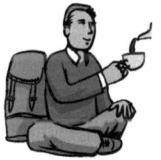

Gost

el invitado

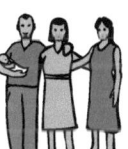

Teta

la tía

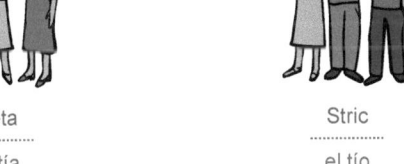

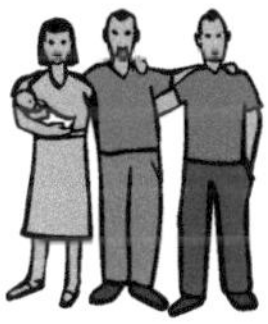

Stric

el tío

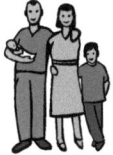

Brat

el hermano

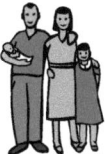

Sestra

la hermana

Telo
el cuerpo

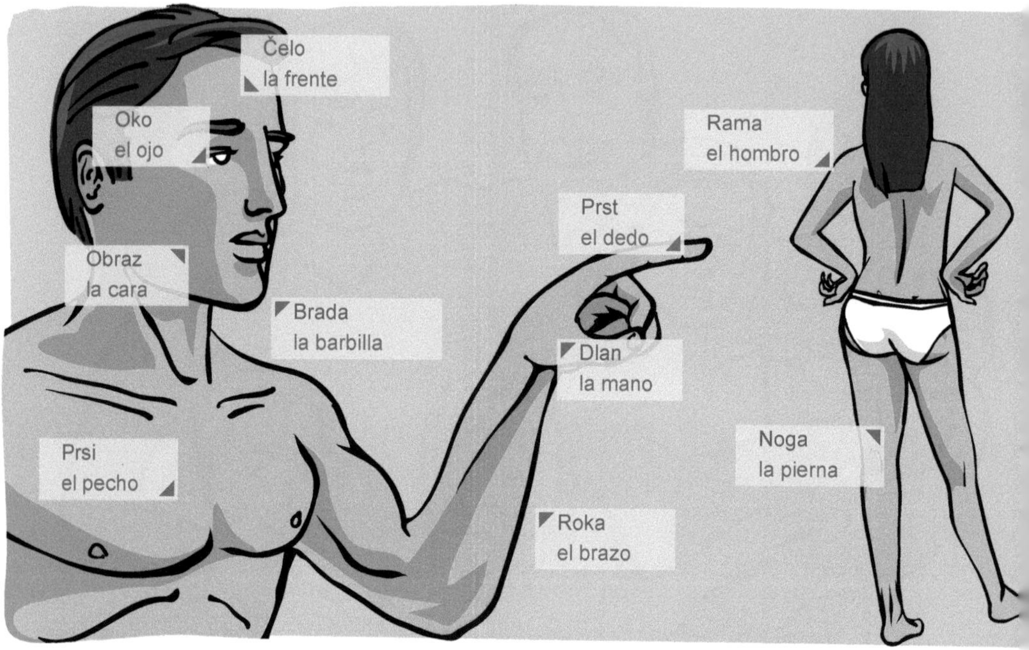

Čelo
la frente

Oko
el ojo

Rama
el hombro

Prst
el dedo

Obraz
la cara

Brada
la barbilla

Dlan
la mano

Prsi
el pecho

Noga
la pierna

Roka
el brazo

Dojenček

el bebé

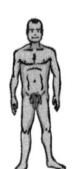

Človek

el hombre

Ženska

la mujer

Dekle

la chica

Fant

el chico

Glava

la cabeza

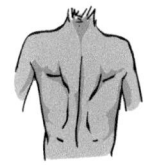

Hrbet

la espalda

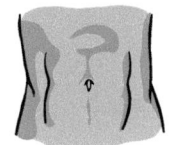

Trebuh

el vientre

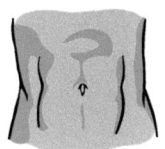

Popek

el ombligo

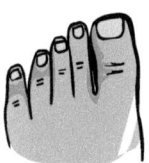

Prst na nogi

el dedo del pie

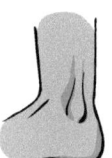

Peta

el talón

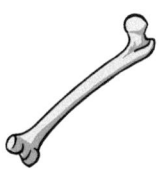

Kost

el hueso

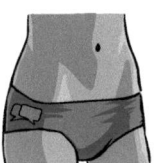

Kolk

la cadera

Koleno

la rodilla

Komolec

el codo

Nos

la nariz

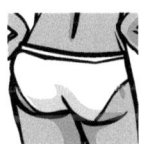

Zadnjica

el trasero

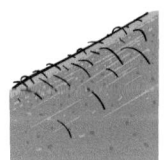

Koža

la piel

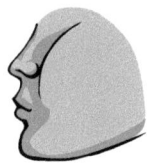

Lice

la mejilla

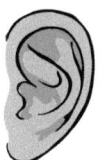

Uho

el oído

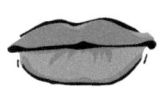

Ustnica

el labio

Usta

la boca

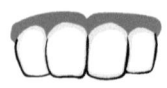

Zob

el diente

Jezik

la lengua

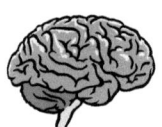

Možgani

el cerebro

Srce

el corazón

Mišica

el músculo

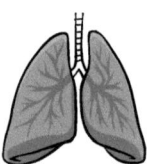

Pljuča

el pulmón

Jetra

el hígado

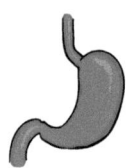

Želodec

el estómago

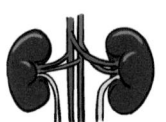

Ledvice

los riñones

Spolni odnos

el sexo

Kondom

el condón

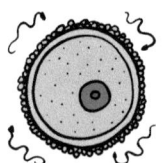

Jajčece

el ovario

Semenska tekočina

el semen

Nosečnost

el embarazo

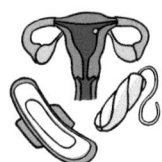

Menstruacija
la menstruación

Vagina
la vagina

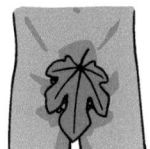

Penis
el pene

Obrv
la ceja

Lasje
el pelo

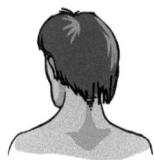

Vrat
el cuello

Bolnišnica

el hospital

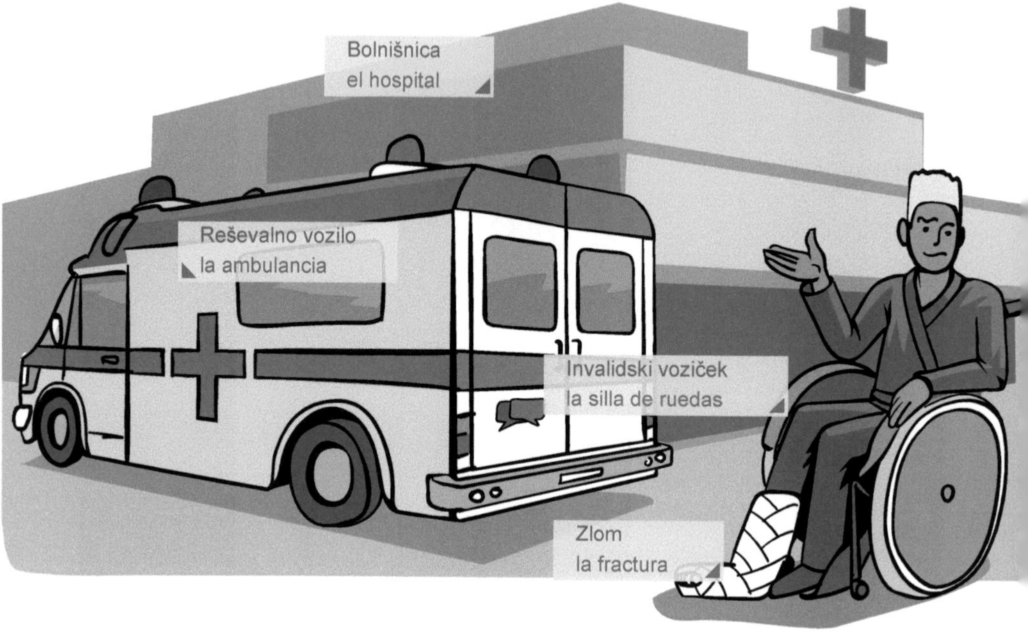

Bolnišnica
el hospital
Reševalno vozilo
la ambulancia
Invalidski voziček
la silla de ruedas
Zlom
la fractura

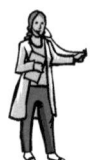

Zdravnik

el médico

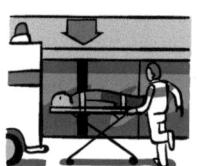

Urgenca

la sala de urgencias

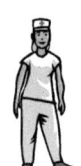

Medicinska sestra

la enfermera

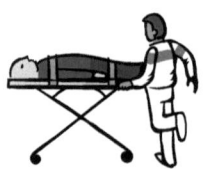

Nujni primer

la urgencia

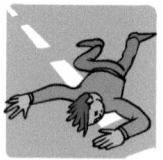

Nezavesten

inconsciente

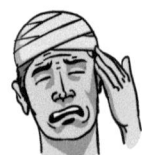

Bolečina

el dolor

Poškodba

la lesión

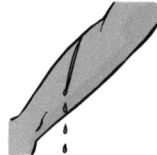

Krvavenje

la hemorragia

Srčni infarkt

el infarto

Kap

el ictus

Alergija

la alergia

Kašelj

la tos

Vročina

la fiebre

Gripa

la gripe

Driska

la diarrea

Glavobol

el dolor de cabeza

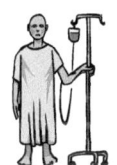

Rak

el cáncer

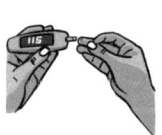

Sladkorna bolezen

la diabetes

Kirurg

el cirujano

Skalpel

el bisturí

Operacija

la operación

CT
TAC

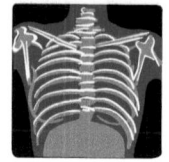

Rentgen
los rayos x

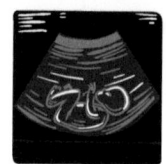

Ultrazvok
el ultrasonido

Obrazna maska
la mascarilla

Bolezen
la enfermedad

Čakalnica
la sala de espera

Bergla
la muleta

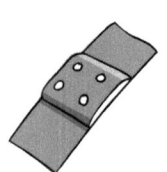

Obliž
la tirita

Preveza
la venda

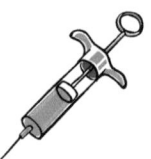

Injekcija
la inyección

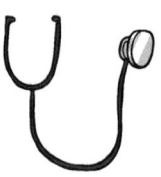

Stetoskop
el estetoscopio

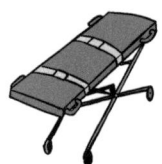

Nosila
la camilla

Klinični termometer
el termómetro

Porod
el nacimiento

Prekomerna teža
el sobrepeso

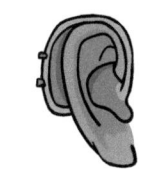

Slušni pripomoček

el audífono

Razkužilo

el desinfectante

Okužba

la infección

Virus

el virus

HIV / AIDS

VIH / SIDA

Medicina

la medicina

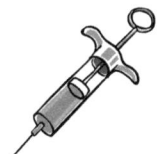

Cepljenje

la vacunación

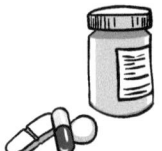

Tablete

las tabletas

Tableta

la pastilla

Klic v sili

la llamada de urgencia

Merilnik krvnega tlaka

el tensiómetro

bolano / zdravo

enfermo / sano

Na pomoč!

¡Socorro!

Alarm

la alarma

Napad

el asalto

Napad

el ataque

Nevarnost

el peligro

Izhod v sili

la salida de emergencia

Gori!

¡Fuego!

Gasilni aparat

el extintor de incendios

Nezgoda

el accidente

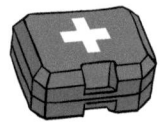

Komplet za prvo pomoč

el botiquín de primeros
auxilios

SOS

SOS

Policija

la policía

Evropa

Europa

Severna Amerika

Norteamérica

Južna Amerika

Sudamérica

Afrika

África

Azija

Asia

Avstralija

Australia

Atlantski ocean

el atlántico

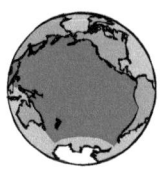

Tihi ocean

el Pacífico

Indijski ocean

el Océano Índico

Južni ocean

el Océano Antártico

Arktični ocean

el Océano Ártico

Severni tečaj

el polo norte

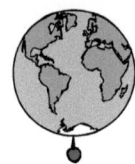

Južni tečaj

el polo sur

Antarktika

La Antártida

Zemlja

la tierra

Kopno

la tierra

Morje

el mar

Otok

la isla

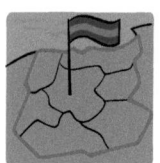

Narod

la nación

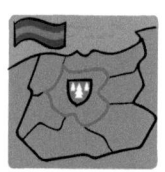

Država

el estado

Številčnica

la esfera

Urni kazalec

la manecilla de las horas

Minutni kazalec

el minutero

Sekundni kazalec

el segundero

Koliko je ura?

¿Qué hora es?

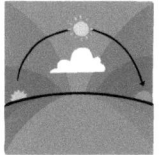

Dan

el día

Čas

el tiempo

Zdaj

ahora

Digitalna ura

el reloj digital

Minuta

el minuto

Ura

la hora

Teden
la semana

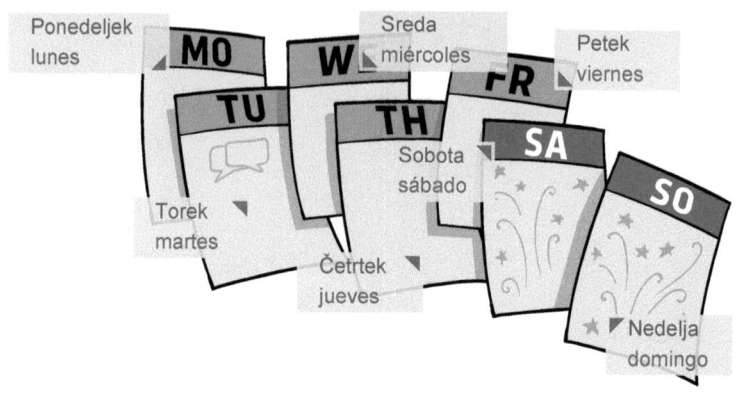

Ponedeljek
lunes

Torek
martes

Sreda
miércoles

Četrtek
jueves

Petek
viernes

Sobota
sábado

Nedelja
domingo

Včeraj

ayer

Danes

hoy

Jutri

mañana

Jutro

la mañana

Poldne

el mediodía

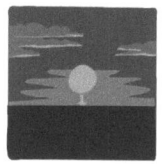

Večer

la tarde

MO	TU	WE	TH	FR	SA	SU
1	2	3	4	5	6	7
8	9	10	11	12	13	14
15	16	17	18	19	20	21
22	23	24	25	26	27	28
29	30	31	1	2	3	4

Delovni dnevi

los días laborables

MO	TU	WE	TH	FR	SA	SU
1	2	3	4	5	6	7
8	9	10	11	12	13	14
15	16	17	18	19	20	21
22	23	24	25	26	27	28
29	30	31	1	2	3	4

Konec tedna

el fin de semana

Dež
la lluvia

Mavrica
el arcoíris

Sneg
la nieve

Veter
el viento

Pomlad
la primavera

Jesen
el otoño

Poletje
el verano

Zima
el invierno

4.APRIL	11°	☀
5.APRIL	4°	☁
6.APRIL	13°	☔
7.APRIL	8°	☀
8.APRIL	10°	☀

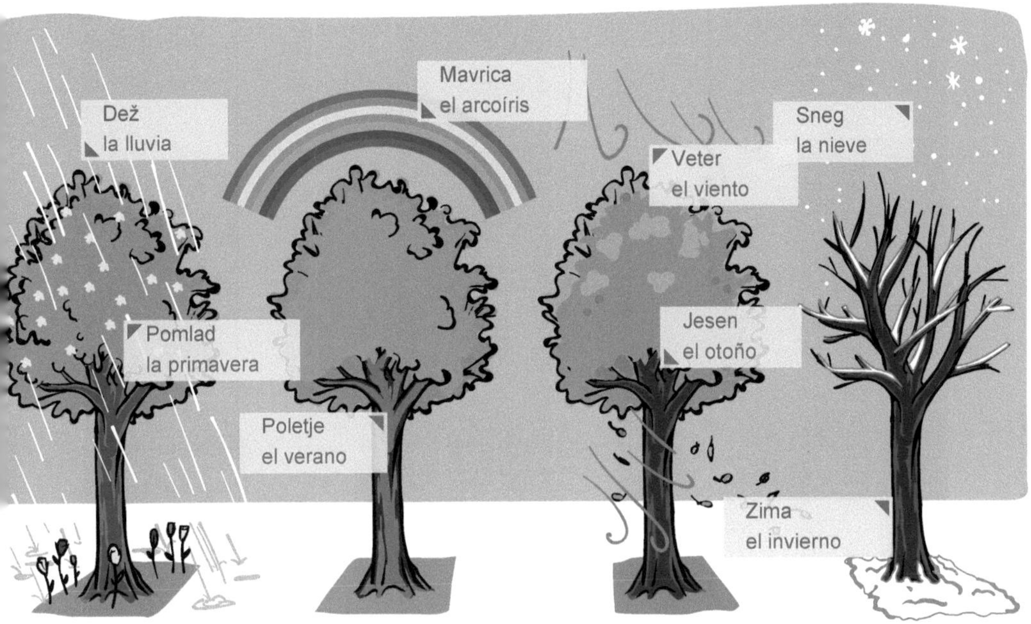

Vremenska napoved

el pronóstico del tiempo

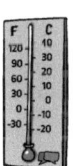

Termometer

el termómetro

Sončna svetloba

el sol

Oblak

la nube

Megla

la niebla

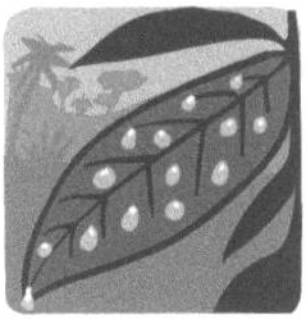

Vlažnost

la humedad

Strela

el rayo

Grom

el trueno

Nevihta

la tormenta

Toča

el granizo

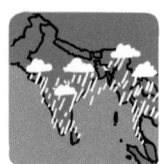

Monsun

el monzón

Poplava

la inundación

Led

el hielo

Januar

enero

Februar

febrero

Marec

marzo

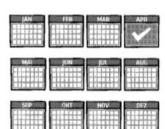

April

abril

Maj

mayo

Junij

junio

Julij

julio

Avgust

agosto

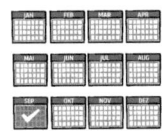

September
....
septiembre

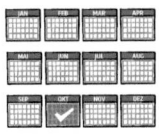

Oktober
....
octubre

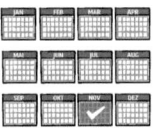

November
....
noviembre

December
....
diciembre

Oblike
las formas

Krogla
....
el circulo

Kvadrat
....
el cuadrado

Pravokotnik
....
el rectángulo

Trikotnik
....
el triángulo

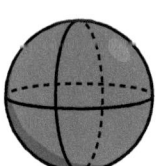

Krogla
....
la esfera

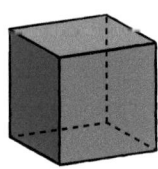

Kocka
....
el cubo

Bela

blanco

Rumena

amarillo

Oranžna

anaranjado

Rožnata

rosa

Rdeča

rojo

Vijolična

morado

Modra

azul

Zelena

verde

Rjava

marrón

Siva

gris

Črna

negro

veliko / malo

mucho / poco

jezno / umirjeno

enojado / tranquilo

lepo / grdo

bonito / feo

začetek / konec

principio / fin

veliko / majhno

grande / pequeño

svetlo / temno

claro / oscuro

brat / sestra

el hermano / la hermana

čisto / umazano

limpio / sucio

popolno / nepopolno

completo / incompleto

dan / noč

el día / la noche

mrtvo / živo

muerto / vivo

široko / ozko

ancho / estrecho

užitno / neužitno

comestible / no comestible

zlobno / prijazno

malo / amable

vznemirjeno / zdolgočaseno

entusiasmado / aburrido

debelo / vitko

gordo / delgado

prvo / zadnje

primero / último

prijatelj / sovražnik

el amigo / el enemigo

polno / prazno

lleno / vacío

trdo / mehko

duro / blando

težko / lahko

pesado / ligero

lakota / žeja

el hambre / la sed

bolano / zdravo

enfermo / sano

nezakonito / zakonito

ilegal / legal

pametno / neumno

inteligente / tonto

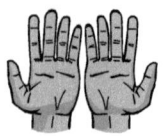

levo / desno

izquierda / derecha

blizu / daleč

cerca / lejos

novo / rabljeno

nuevo / usado

nič / nekaj

nada / algo

staro / mlado

viejo / joven

vklopljeno / izklopljeno

encendido / apagado

odprto / zaprto

abierto / cerrado

tiho / glasno

silencioso / ruidoso

bogato / revno

rico / pobre

prav / narobe

correcto / incorrecto

grobo / gladko

áspero / suave

žalostno / veselo

triste / contento

kratko / dolgo

corto / largo

počasi / hitro

lento / rápido

mokro / suho

húmedo / seco

toplo / hladno

cálido / frío

vojna / mir

guerra / paz

Števila

los números

0	**1**	**2**
Ničla	Ena	Dva
cero	uno	dos
3	**4**	**5**
Tri	Štiri	Pet
tres	cuatro	cinco
6	**7**	**8**
Šest	Sedem	Osem
seis	siete	ocho
9	**10**	**11**
Devet	Deset	Enajst
nueve	diez	once

12
Dvanajst
doce

13
Trinajst
trece

14
Štirinajst
catorce

15
Petnajst
quince

16
Šestnajst
dieciséis

17
Sedemnajst
diecisiete

18
Osemnajst
dieciocho

19
Devetnajst
diecinueve

20
Dvajset
veinte

100
Sto
cien

1.000
Tisoč
mil

1.000.000
Milijon
el millón

Angleščina

el inglés

Ameriška angleščina

el inglés americano

Mandarinščina

el chino madarín

Hindujščina

el hindi

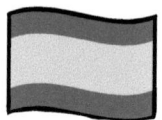

Španščina

el español

Francoščina

el francés

Arabščina

el árabe

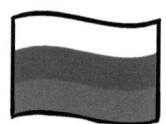

Ruščina

el ruso

Portugalščina

el portugués

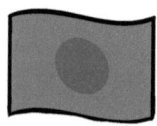

Bengalščina

el bengalí

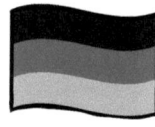

Nemščina

el alemán

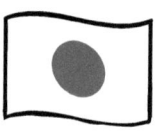

Japonščina

el japonés

Jaz

yo

Ti

tú

On / ona / tisto

él / ella / ello

Mi

nosotros/as

Vi

vosotros/as

Oni

ellos/as

Kdo?

¿quién?

Kaj?

¿qué?

Kako?

¿cómo?

Kje?

¿dónde?

Kdaj?

¿cuándo?

Ime

el nombre

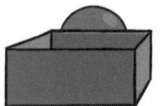

Zadaj

detrás

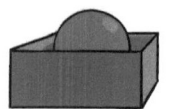

V

en

Pred

delante de

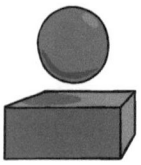

Nad

por encima de

Na

sobre

Pod

debajo de

Poleg

junto a

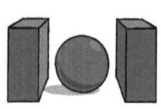

Med

entre

Kraj

el lugar